30.
DEZEMBER

Das ist Dein Tag

DEIN STAMMBAUM

| Urgroßvater | Urgroßmutter | Urgroßvater | Urgroßmutter |

Großmutter

Großvater

VORNAME UND NAME:

....

GEBOREN AM:

....

Mutter

UHRZEIT:

....

GEWICHT UND GRÖSSE:

....

STADT:

....

Ich

LAND:

....

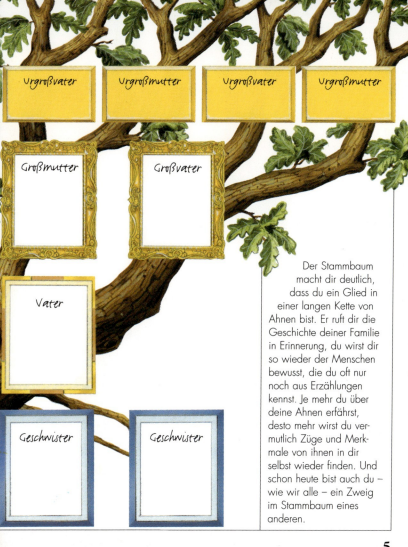

Der Stammbaum macht dir deutlich, dass du ein Glied in einer langen Kette von Ahnen bist. Er ruft dir die Geschichte deiner Familie in Erinnerung, du wirst dir so wieder der Menschen bewusst, die du oft nur noch aus Erzählungen kennst. Je mehr du über deine Ahnen erfährst, desto mehr wirst du vermutlich Züge und Merkmale von ihnen in dir selbst wieder finden. Und schon heute bist auch du – wie wir alle – ein Zweig im Stammbaum eines anderen.

Der Kreis des Kalenders

Was wären wir ohne unseren Kalender, in dem wir Geburtstage, Termine und Feiertage notieren? Julius Cäsar führte 46 v. Chr. den Julianischen Kalender ein, der sich allein nach dem Sonnenjahr richtete. Aber Cäsar geriet das Jahr ein wenig zu kurz, und um 1600 musste eine Abweichung von zehn Tagen vom Sonnenjahr konstatiert werden. Der daraufhin von Papst Gregor XII. entwickelte Gregorianische Kalender ist zuverlässiger. Erst nach 3.000 Jahren weicht er um einen Tag ab. In Europa setzte er sich jedoch nur allmählich durch. Russland führte ihn zum Beispiel erst 1918 ein, deshalb gibt es für den Geburtstag Peters des Großen zwei verschiedene Daten.

Die Zyklen von Sonne und Mond sind unterschiedlich. Manche Kulturen folgen in ihrer Zeit-

rechnung und damit in ihrem Kalender dem Mond, andere der Sonne. Gemeinsam ist allen Kalendern, dass sie uns an die vergehende Zeit erinnern, ohne die es natürlich auch keinen Geburtstag gäbe.

DER KREIS DES KALENDERS

Die Erde dreht sich von Ost nach West innerhalb von 24 Stunden einmal um ihre Achse und umkreist als der dritte von neun Planeten die Sonne. All diese Planeten zusammen bilden unser Sonnensystem. Die Sonne selbst ist ein brennender Ball aus gigantisch heißen Gasen, im Durchmesser mehr als 100-mal größer als die Erde. Doch die Sonne ist nur einer unter aberhundert Millionen Sternen, die unsere Milchstraße bilden; zufällig ist sie der Stern, der unserer Erde am nächsten liegt. Der Mond braucht für eine Erdumrundung etwa 28 Tage, was einem Mondmonat entspricht. Und die Erde wiederum dreht sich in 365 Tagen und sechs

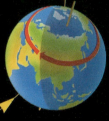

Stunden, etwas mehr als einem Jahr, um die Sonne. Das Sonnenjahr teilt sich in zwölf Monate und elf Tage, weshalb einige Monate zum Ausgleich 31 statt 30 Tage haben.

Die Erdhalbkugeln haben konträre Jahreszeiten.

So wirken die Sterne

Die Sonne, der Mond und die Planeten folgen festen Himmelsbahnen, die sie immer wieder an zwölf unveränderten Sternbildern vorbeiführen. Ein vollständiger Umlauf wird in 360 Gradschritte unterteilt. Die Sonne befindet sich etwa einen Monat in jeweils einem dieser Zeichen, was einem Abschnitt von 30 Grad entspricht. Da die meisten dieser Sternkonstellationen von alters her Tiernamen erhielten, wurde dieser regelmäßige Zyklus auch Zodiakus oder Tierkreis genannt.

Schon früh beobachteten die Menschen, dass bestimmte Sterne ganz speziell geformte, unveränderliche Gruppen bilden. Diesen Sternbildern gaben sie Namen aus dem Tierreich oder aus der Mythologie. So entstanden unsere heutigen Tierkreiszeichen, die sich in 4.000 Jahren kaum verändert haben. Die festen Himmelsmarken waren von großem praktischen Wert: Sie dienten den Seefahrern zur Navigation. Zugleich beflügelten sie aber auch die Phantasie. Die Astrologen gingen davon aus, dass die Sterne, zusammen mit dem Mond, unser Leben stark beeinflussen, und nutzten die Tierkreiszeichen zur Deutung von Schicksal und Charakter eines Menschen.

SO WIRKEN DIE STERNE

WIDDER: 21. März bis 20. April

STIER: 21. April bis 20. Mai

ZWILLING: 21. Mai bis 22. Juni

KREBS: 23. Juni bis 22. Juli

LÖWE: 23. Juli bis 23. August

JUNGFRAU: 24. August bis 23. September

WAAGE: 24. September bis 23. Oktober

SKORPION: 24. Oktober bis 22. November

SCHÜTZE: 23. November bis 21. Dezember

STEINBOCK: 22. Dezember bis 20. Januar

WASSERMANN: 21. Januar bis 19. Februar

FISCHE: 20. Februar bis 20. März

Im Zeichen des Mondes

Den Tierkreiszeichen werden jeweils bestimmte Planeten zugeordnet: Dem Steinbock ist der Planet Saturn, dem Wassermann Uranus, den Fischen Neptun, dem Widder Mars, dem Stier Venus und dem Zwilling Merkur zugeordnet; der Planet des Krebses ist der Mond, für den Löwen ist es die Sonne. Manche Planeten sind auch mehreren Tierkreiszeichen zugeordnet. So ist der Planet der Jungfrau wie der des Zwillings Merkur. Der Planet der Waage ist wie bereits beim Stier Venus. Die Tierkreiszeichen Skorpion und Schütze haben in Pluto und Jupiter ihren jeweiligen Planeten.

D er Mond wandert in etwa einem Monat durch alle zwölf Tierkreiszeichen. Das heißt, dass er sich in jedem Zeichen zwei bis drei Tage aufhält. Er gibt dadurch den Tagen eine besondere Färbung, die du als Steinbock anders empfindest als andere Sternzeichen.

In welchem Zeichen der Mond heute steht, erfährst du aus jedem gängigen Mondkalender. Der Mond im **Widder** nimmt dem Steinbock etwas von seiner äußerlichen Kühle. Man kann an diesen Tagen auch das Feuer spüren, das in ihm steckt. Versuche an einem **Stier**-Tag nicht, ungebeten in das Revier eines Steinbocks einzudringen, du rennst gegen

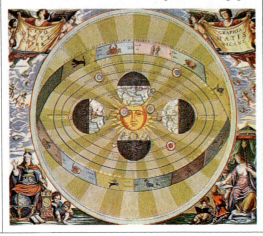

Beton! Steht der Mond im **Zwilling**, wird sogar der schweigsamste Steinbock umgänglich und gesprächig. Im **Krebs**-Mond möchte sich der Steinbock am liebsten an den sichersten Ort der Erde zurückziehen: sein Zuhause. Ist aber **Löwe**-Tag, dann kann der Steinbock seine Kreativität voll entfalten, aber natürlich mit aller gebotenen Disziplin! An einem **Jungfrau**-Tag braucht man gar nicht zu versuchen, den Steinbock zu einem Stadtbummel zu überreden, das sind Arbeitstage für ihn. Ein verliebter **Waage**-Mond kann das asketische Leben eines Steinbocks völlig umkrempeln. Der Mond im **Skorpion** macht den ohnehin schwer durchschaubaren Steinbock noch geheimnisvoller und unergründlicher. Bei **Schütze**-Mond bekommt der Steinbock etwas von einem gütigen, weisen Großvater. Aber die Prinzipien dürfen trotzdem nicht vergessen werden! Steht der Mond im **Steinbock**, kann ein Steinbock seine Ziele zwar mit der üblichen Ausdauer verfolgen, aber er lässt auch mal fünfe gerade sein. Wenn ein Steinbock plötzlich Haiti kaufen und den Himalaya besteigen möchte oder aber seinem Chef die Meinung sagt, dann geht der Mond durch den **Wassermann**. Beschäftigen einen Steinbock einmal heftige, aufwühlende Träume, dann ist **Fische**-Zeit.

Unser Sonnensystem mit den neun Planeten

ERKENNE DICH SELBST

Steinbockmenschen sind ehrgeizige Realisten, die hart arbeiten; sie können treue Freunde sein, aber auch erbarmungslose Feinde. Ihr Leitsatz lautet: »Ich richte und werte!« Sie sind bereit, vorübergehend auf vieles zu verzichten, wenn sie ein langfristiges Ziel vor Augen haben. Durch ihre Genügsamkeit, ihre Ausdauer und ihren Fleiß

Die im Zeichen des Steinbocks Geborenen sind unter den Tierkreiszeichen die verantwortungsvollsten Diener der Menschheit. Geduldig und beharrlich setzen sie

STEINBOCK

sich für hohe Ideale ein, klettern dabei aber – wie ihr Symboltier – allein empor. Beherrschender Planet des Steinbocks ist der Saturn. Er gilt als dunkel und schicksalhaft, steht aber auch für Ordnungsliebe. Die drei Steinbockdekaden mit eigenen Charakteristika reichen vom 22.12. bis 1.1., vom 2. bis 11.1. und vom 12. bis 20.1. Allen Steinböcken gemeinsam ist Zuverlässigkeit und Verständnis für andere. haben sie oft großen Erfolg und bringen es zu materiellem Reichtum. Steinböcke neigen aber dazu, in Schwermut zu verfallen. Sie sollten daher die Gesellschaft fröhlicher Menschen suchen, wenn sie Depressionen herannahen fühlen.

Den einzelnen Tierkreiszeichen werden bestimmte Glücksbringer zugeordnet. Die Farben der Steinböcke sind dunkel und satt, wie Purpurrot, Schwarz und Braun; ihre Edelsteine sind der Turmalin sowie der Onyx, ihre Pflanze ist der Hagedorn. Ihre Tiere sind der Bär, die Ziege und der Schäferhund. Als Glückstag ist ihnen der Sonnabend zugeordnet.

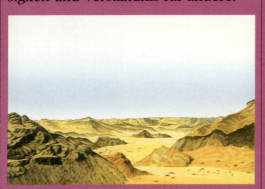

MENSCHEN DEINER DEKADE

Die erste Steinbockdekade wird in der Astrologie traditionell mit dem Sternbild Sagitta – ein Himmelspfeil, der sein Ziel ohne Umwege ansteuert – verbunden. Die in diesem Zeitraum Geborenen gelten meistens als ehrgeizige Realisten, sie verfügen über einen scharfen Verstand und die Fähigkeit zu abstraktem Denken.

So wundert es nicht, dass diese Dekade äußerst zielstrebige Menschen hervorgebracht hat, etwa den amerikanischen Präsidenten **Woodrow Wilson** (28. Dezember 1856, Abb. li.), der sich für die Gründung des Völkerbundes einsetzte, oder auch

Ignatius von Loyola (24. Dezember 1491), den Begründer der »Gesellschaft Jesu«, des Jesuitenordens (Abb. o.).
Lorenzo di Medici (1. Januar 1449), der mit Hilfe seines Reichtums und seiner Macht seine Leidenschaft für die Kunst ausleben konnte, und der französische Chemiker und Biologe **Louis Pasteur** (27. Dezember 1822), der sein Leben ganz in den Dienst an der Menschheit stellte, feierten ihren Geburtstag ebenso in der ersten Steinbockdekade.
Geht man weiter zurück in der Geschichte, findet sich in dieser Dekade auch der englische König **Johann ohne Land** (24. Dezember 1167), der durch sein despotisches Verhalten einen Bürgerkrieg auslöste (Abb. u.).
Der Geburtstag von Chinas »großem Vorsitzenden« **Mao Tse-**

MENSCHEN DEINER DEKADE

tung (26. Dezember 1893), der mit seiner Kulturrevolution und einer Modernisierungskampagne, die für das Volk vor allem große Entbehrungen mit sich brachte, China grundlegend veränderte, fällt ebenfalls in diese Periode. Aber auch einige Filmgrößen dürfen an dieser Stelle nicht unerwähnt bleiben: allen voran **Marlene Dietrich** (27. Dezember 1904), die ihre sinnliche Ausstrahlung nicht nur im Film ausspielte, sondern auch bei zahllosen Auftritten in Nachtlokalen das Publikum um den kleinen Finger wickelte; **Humphrey Bogart** (25. Dezember 1899), der unter anderem durch seine Hauptrolle in »Casablanca« in die Annalen des Films einging, und nicht zuletzt **Gérard Depardieu** (27. Dezember 1948), der als Cyrano de Bergerac brillierte.
Neben den berühmten Künstlern **Maurice Utrillo** (26. Dezember 1883) und **Henri Matisse** (31. Dezember 1869) erblickten in dieser Dekade aber auch Persönlichkeiten das Licht der Welt, die einen ausgeprägten Sinn fürs Geschäftliche besaßen: etwa die Kosmetikunternehmerin **Helena Rubinstein** (25. Dezember 1882) oder **Charles Goodyear** (29. Dezember 1800) und **Louis Chevrolet** (25. Dezember 1878), die beide – jeder auf seine Art – das Automobil voranbrachten.
Die Geschichte verzeichnet für diese erste Steinbockdekade außerdem noch eine so schillernde Persönlichkeit wie **Madame de Pompadour** (29. Dezember 1721, Abb. u.), die als Mätresse von König Ludwig XV. beträchtlichen Einfluss in Frankreich ausübte, bei der Bevölkerung allerdings aufgrund ihres verschwenderischen Lebensstils ziemlich unbeliebt war.

Ein Aussergewöhnlicher Mensch

Rudyard Kipling, der seit seinem sechsten Lebensjahr in England erzogen worden war, kehrte im Alter von 17 Jahren wieder in sein Geburtsland Indien zurück, wo er sich zunächst als Journalist seinen Lebensunterhalt verdiente. In dieser Zeit veröffentlichte er auch seine ersten Gedichte und Geschichten, die erstmals 1886

Der englische Schriftsteller Rudyard Kipling, der am 30. Dezember 1865 in Bombay geboren wurde, verzauberte mit seinem berümten *Dschungelbuch* nicht nur zu seiner Zeit die Herzen vieler Kinder. Neben Kinderbüchern schrieb Kipling aber auch knappe, lakonische Kurzgeschichten und kraftvolle Romane. Im Jahr 1907 erhielt er als der erste englische Autor den Nobelpreis für Literatur.

30. Dezember

unter dem Titel *Schlichte Geschichten aus Indien* in Buchform erschienen. Vor allem seine anschaulichen Schilderungen Indiens brachten Kipling von Anfang an viel Aufmerksamkeit ein. Hinzu kam sicherlich auch, dass er – im Gegensatz zu manch anderem Autor zur damaligen Zeit – Kolonialisierung in erster Linie als einen zivilisatorischen Akt sah. Da die Realität nicht seinen Vorstellungen entsprach, hatte er während seiner Jahre in Indien eine Bewunderung für die Menschen entwickelt, die seiner Meinung nach »die Last des weißen Mannes« trugen. Durch die Anerkennung, die seinen frühen Werken zuteil wurde, ermutigt, beschloss Kipling, sein Glück nun auch in England zu versuchen, und veröffentlichte dort seine *Balladen aus dem Biwak* (1892), die mit großem Beifall aufgenommen wurden. Seinen Ruhm begründeten aber in erster Linie seine Kinderbücher, allen voran *Das Dschungelbuch*. In dieser Geschichte lernt das kleine Menschenkind Mowgli von dem Bären Baloo und dem Panter Bagheera, wie es mit den Gefahren des Dschungels umgehen muss. 1967 setzte Walt Disney in dem letzten von ihm persönlich betreuten Film Kiplings Roman in einen bezaubernden Zeichentrickfilm um, der längst zu einem Klassiker wurde.

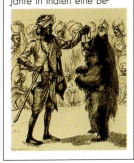

An diesem ganz besonderen Tag

Heute im Jahr 1460 endete die **Schlacht bei Wakefield** mit einer totalen Niederlage der Yorkisten; Richard von York selbst kam dabei zu Tode. Es war eine der ersten Schlachten in den so genannten Rosenkriegen, und Richard hatte die Stärke der Lancasterarmee vollkommen unterschätzt. Während der Rosenkriege, die bis 1487 dauerten, wechselte die englische Krone insgesamt fünfmal ihren Besitzer (ohne Abb.).

Am 30. Dezember 1819 wurde der deutsche Schriftsteller **Theodor Fontane** geboren. Der Autor so bekannter Werke wie »Effi Briest«, »Irrungen, Wirrungen« und »Der Stechlin« war eigentlich Apotheker, arbeitete aber als Kriegsberichterstatter für verschiedene Zeitungen und später als Theaterkritiker. Erst relativ spät, mit etwa 60 Jahren, wandte er sich dann

der Gattung zu, die seine eigentliche Domäne wurde – dem realistischen Gesellschaftsroman (ohne Abb.).

Am heutigen Tag des Jahres 1897 wurde das alte Stammland der **Zulu** an Natal angegliedert. Die Zulu bedeuteten schon lange eine

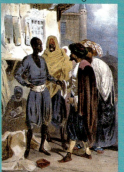

Gefahr für die Herrschaft der Briten in Südafrika. Bereits im Jahr 1879 hatte der britische Generalgouverneur erklärt, der Friede in Südafrika verlange nach geeigneten Maßnahmen zu ihrer Unterwerfung (Abb. li.).

1916, am 30. Dezember, wurde der geheimnisvolle Mönch **Rasputin** (Abb. o.), der großen Einfluss am Zarenhof erlangt hatte, ermordet. Dies jedoch nicht

30. DEZEMBER

nur einmal: Als er im Palast des Prinzen Jussupoff zum Essen eingeladen war, vergiftete, erschoss und erschlug man ihn. Sein Leichnam wurde anschließend in die Newa geworfen.
Heute im Jahr 1894 starb **Amelia Bloomer**, die Vorkämpferin für das Recht der Frauen, Hosen zu tragen. Sie hatte die Damenhosen erstmals im Juli 1848 bei der bahnbrechenden Frauenrechtskonferenz in Seneca Falls präsentiert. Diese »Bloomers« – eine Art Hosenrock, der an den Knöcheln eingeschnürt und ohne Korsett getragen wurde – sollten den Frauen die Feld- und Hausarbeit erleichtern. Bis jetzt waren sie dabei nämlich von den bauschigen, wogenden Röcken der damaligen Zeit stark behindert worden (Abb. re.).
Am 30. Dezember im Jahr 1949 gewährte Frankreich Vietnam weitgehende **innere Souveränität** (ohne Abb.).
An diesem Tag im Jahr 1695 wurden alle Fenster in England mit einer Steuer belegt. Die **englische Fenstersteuer**, die dann ab dem folgenden April wirksam wurde, brachte allerdings nicht viel Geld in die Staatskasse: Die wenigen Menschen, die überhaupt Fenster hatten, vernagelten diese mit Brettern und entzogen sich so der Abgabe (ohne Abb.).
1906, am 30. Dezember, wurde der englische Filmregisseur **Carol Reed** geboren. Er drehte Filme wie »Der dritte Mann« (1949) oder »Ausgestoßen« (1946) (ohne Abb.).
Am heutigen Tag des Jahres 1911 befand sich der Abgesandte der Provinzen **Dr. Sun Yat-sen** (Abb. u.) als erster Präsident der neu gegründeten Republik China den ersten Tag im Amt.

19

Ein Tag, den keiner vergisst

In den fünf Jahren seit der Erstürmung des Winterpalastes, die die russische Oktoberrevolution eingeleitet hatte, war die von Leo Trotzki aufgestellte kommunistische Rote Armee durch den größten Teil des alten russischen Reichs marschiert und hatte die »Weißen«, die noch dem alten Regime ergeben waren, besiegt. Ob das den Millionen von Genossen nun zusagte oder nicht – von nun an würden sie alle, unabhängig von Nationalität, Kultur und geschichtlichen Bindungen, in einem riesigen, zentralisierten Superstaat leben. Auf die Gründung der UdSSR folgte eines der größten Experimente im Bereich der angewandten Sozialwissenschaft, das es bis dahin in der Weltgeschichte gegeben hatte. In den Schulen galten die alten Lehrmethoden als überholt, die Kinder erhielten jetzt eine praktische Erziehung in Gemeinschaftsprojekten: Manche wurden zum Beispiel zu Geflügelzuchttechnikern herangebildet, andere hingegen zu Parteifunktionären. Riesige Kolchosen – landwirtschaftliche Produktionsgenossenschaften – wurden gegründet, die jeweils nur eine einzige Frucht anbauten. Diejenigen »Kulaken«, die ihr kleines Stück Land nicht in eine Kolchose einbringen wollten, wurden deportiert oder erschossen. Das führte allerdings zu einer entsetzlichen Hungersnot.
Auch im Bereich der

30. Dezember

Der 30. Dezember 1922 ging als Gründungsdatum der UdSSR in die Geschichte ein: An diesem Tag proklamierte der erste Allunionskongress in Moskau die »Union der Sozialistischen Sowjetrepubliken«. Damit wurde ein lediglich der Form nach föderalistischer, inhaltlich aber zentralistischer Staat geschaffen, der sich zu einer Supermacht entwickeln sollte. Der Gründung der Sowjetunion waren Jahre der Revolution und des Bürgerkrieges vorausgegangen, in deren Verlauf Lenins Bolschewisten mit Hilfe der Roten Armee die Oberhand gewonnen hatten. Doch die Unruhen waren noch lange nicht beendet: Der UdSSR sollte schon bald ein mörderischer Kampf um die Nachfolge Lenins bevorstehen...

Kunst kam es zu tiefgreifenden Änderungen: Die Werke derer, die sich nicht an die Richtlinien der Partei hielten oder als »antikommunistisch« galten, wurden verboten. Das große Experiment erwies sich schließlich als Fehlschlag. 1991 wurde der Name UdSSR im Rahmen der Reform des Sowjetsystems durch Präsident Michail Gorbatschow aufgegeben: ein unübersehbares Zeichen dafür, dass der ursprünglich so festgefügte Bund kurz vor seiner Auflösung stand.

ENTDECKT & ERFUNDEN

Jeden Monat werden Erfindungen gemacht, die unser Alltagsleben verändern. Auch der Dezember bildet da keine Ausnahme.

Am 7. Dezember 1784 meldete David Wilkinson aus Rhode Island die **Schraube** zum Patent an. Er konstruierte außerdem eine Drehmaschine, mit deren Hilfe man in etwa sieben Minuten eine Schraube oder eine passende Mutter herstellen konnte.

Der **Pin** für den Abschlag des Golfballs wurde am 12. Dezember 1899 von George F. Brant aus Boston zum Patent angemeldet. Bis dahin hatten sich die Golfspieler mit einem kleinen Erdhäufchen zufrieden geben müssen. Auch die erste Serienproduktion des **Elektroautos** fällt in den letzten Monat des Jahres. Am 5. Dezember des Jahres 1893 wurde dieser Wagentyp in Toronto (Kanada) auf den Markt gebracht. Eine Zeit lang boten Elektroautos den Benzinern ernsthafte Konkurrenz, doch schließlich wurden sie verdrängt. Heute sieht man den Elektroantrieb als Weg zur Verminderung der Umweltverschmutzung; ein Problem sind bisher aber noch die Batterien, die nicht stark genug sind und zu schnell nachgeladen werden müssen.

Im Dezember 1967 kündigte das Schweizer Zentrum für elektronische Uhren im Namen von 31 einheimischen Herstellern, die fünf Jahre lang an dieser Erfindung gearbeitet hatten, die **Quarz-Armbanduhr** an. Die billigsten

Uhren dieser Art kosteten damals noch ungefähr 500 Dollar.
Im Jahr 1908, am 5. Dezember, erschien in der »Saturday Evening Post« die erste Anzeige für den **aufrecht stehenden Staubsauger**, dessen Staubbehälter am Griff angebracht war. Sein Erfinder war J. Murray Spangler, der Pförtner eines Warenhauses in Ohio. W. H. Hoover kaufte ihm die Herstellungsrechte später für nur 70 Dollar ab.
Am 9. Dezember 1843 erfand Henry Cole die **Weihnachtskarten**, die heute ebenso zu Weihnachten gehören wie der Tannenbaum. Bis dahin hatte er seinen Freunden, wie allgemein üblich, Weihnachtsbriefe geschrieben. Dieses Mal fehlte ihm jedoch die Zeit dazu, und so engagierte er einen Künstler, der eine Karte entwarf. Sie zeigte die Familie Coles, die an der Festtafel saß und ihre Gläser auf einen abwesenden Gast, den Empfänger der Karte, erhob.
Der Amerikaner King Camp Gilette meldete am 2. Dezember 1901 den weltweit ersten **Rasierapparat mit auswechselbaren Klingen** zum Patent an.

Im Rhythmus der Natur

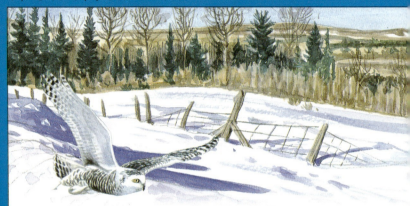

Die Tropen erstrecken sich vom Wendekreis des Krebses bis zu dem des Steinbocks. Dort gibt es keinen Winter wie bei uns, und einen großen Teil des Jahres herrscht warmes Wetter. Die Tage sind in den Tropen zu allen Jahreszeiten fast gleich lang.

Im Winter ist die Natur wie erstarrt. Die Tage sind kalt und kurz, der Boden ist hart und das Futter knapp. Die Säugetiere halten Winterschlaf, viele Vögel ziehen in Richtung Süden. Doch der englische Dichter Shelley meint: »Wenn der Winter kommt, kann da der Frühling noch fern sein?«

WINTER

Der Rote Kardinal, den man an seinem Schopf und seinem leuchtenden Gefieder leicht erkennen kann, besucht im Winter in Nordamerika regelmäßig die Futterplätze. Ein frecher kleiner Vogel ist der in ganz Europa und Asien heimische Spatz. In Japan schließen sich die Spatzen im Winter zu riesigen Schwärmen zusammen, die sogar in dicht besiedelte Gebiete einfallen. Die Amsel singt zwar sehr schön, vernichtet aber Frucht und Saat, wenn der Boden zu hart ist, um darin nach Würmern zu graben.

Das bei uns sehr beliebte Rotkehlchen wird im Winter kühn und wagt sich bis auf die Fensterbretter vor.

So feiert die Welt

Am Vorabend des Nikolaustags (6. Dezember) stellen die Kinder an vielen Orten der Welt ihre Schuhe vor die Tür, damit der Nikolaus sie ihnen mit Nüssen und Süßigkeiten füllt. Für sein Pferd legen sie eine Mohrrübe und Zuckerstückchen dazu.

Vor nun beinahe 2.000 Jahren kam das Christuskind in einem Stall in Bethlehem zur Welt (Abb. u.). Zur Feier dieses Ereignisses begehen die Christen auf der ganzen Welt Weihnachten (24./25. Dezember), ein großes Freudenfest. Sie schmücken einen Christbaum und beschenken einander. Die Kinder glauben an den Weihnachtsmann.
Früher wurde mit dem Julfest die Wintersonnenwende (21. Dezember) gefeiert. Die im kalten Norden lebenden Völker begrüßten mit diesem Fest den Zeitpunkt, ab dem die Tage wieder länger wurden.
Im Süden Indiens hingegen ist das Wetter zu dieser Zeit sonnig und mild. Dort feiert man Pongal (Dezember-Januar), ein Fest, das ebenfalls mit der Sonnenwende zusammenhängt. Der vorangehende Monat gilt als unheilvoll, deshalb begehen die Hindus sein Ende voller Freude. Die verheirateten Frauen bereiten ein spezielles Gericht aus Reis, Milch und einer Art unraffiniertem Palmzucker zu, und wenn dieser Brei kocht, rufen sie: »Pongal!« (»Er kocht!«). Dann verteilen sie die Speise an ihre Familien, die Götter und die heiligen Kühe.
In Mexiko ehren die Gläubigen den Jahrestag der heiligen Jungfrau von Guadalupe (12. Dezember), der Landespatronin und Schutzheiligen Mexikos. Einige der Pilger rutschen das letzte Wegstück zu ihrer Kirche auf dem Hügel Tepeyac in Mexico City sogar auf den Knien.
Das jüdische Volk feiert in der Zeit um die Wintersonnenwende zur Erinnerung an die Wiedereinweihung des jüdischen Tempels in Jerusalem ihr achttägiges Lichterfest Chanukka (zwischen dem 25. November und dem 26.

Feste im Dezember

Dezember). Jeden Abend wird an dem achtarmigen Chanukkaleuchter ein Licht mehr angezündet. In Schweden trägt die älteste Tochter der Familie am Tag der Heiligen Lucia (13. Dezember) ein weißes Kleid und eine rote Schärpe. Sie bringt den Erwachsenen Kaffee und Safrankuchen, die jüngeren Schwestern folgen ihr mit Kerzen. Auf den Straßen finden Prozessionen statt, mit denen man der Heiligen dafür dankt, dass sie Licht und Hoffnung in die dunkelste Zeit des Jahres gebracht hat.

Für die Moslems beginnt im Dezember der Fastenmonat Ramadan. In dieser Zeit dürfen die Gläubigen von Sonnenaufgang bis Sonnenuntergang weder essen noch trinken, und sie verneigen sich in regelmäßigen Gebeten gen Mekka (Abb. o.).

An Silvester (31. Dezember) wird das neue Jahr auf der ganzen Welt mit überschäumender Freude gefeiert.

Die Idee für den Tag

① Karte einschneiden

Material:

Klappkarte A5
Oblate mit Weihnachtsmotiv
Selbstklebende Sterne (Büro-, Bastelbedarf)
Lineal
Cutter
Kleber

② Oblate aufkleben

1. Karte einschneiden
Eine Klappkarte im A5-Format aufklappen. In der Mitte der Karte einen etwa 2,5 cm breiten senkrechten Streifen anzeichnen und beidseitig entlang der Linien x-y-x einschneiden. Die mittlere Linie z mit Außenbruch falten, dabei müssen die Abstände x gleich lang sein. Die obere und untere Linie z mit Innenbruch falten.

2. Oblate aufkleben
Auf den herausgeklappten Mittelstreifen (Fläche A) der rechtwinklig aufgestellten Karte Kleber auftragen und eine Oblate mit Weihnachtsmotiv aufkleben.

③ Sternsticker aufkleben

3. Sternsticker aufkleben
Selbstklebende Sterne vom Trägerpapier lösen und auf die Karte hinter der Oblate kleben. Beim Zusammenfalten legt sich die Oblate nach vorne.

Jede Oblate mit Weihnachtsmotiv eignet sich für Karten dieser Art.

WEIHNACHTSKARTE

Winterzauber

Fängt es im Winter zu schneien an,
so schneit es nichts als Marzipan,
Rosinen auch und Mandel,
und wer sie gerne knabbern mag,
der hat einen guten Handel.